Heul doch

Geschichten aus meinem Leben

mit meinem älteren Bruder

Vorwort

Tja, liebes Bruderherz, die letzte Schote hat mich doch tatsächlich motiviert, mal alles zusammenzufassen, was mir zu unserer Geschichte so einfällt.

Macher Leser wird sich vielleicht in meinem Büchlein / „Brief an meinen Bruder" / Pamphlet wieder finden, weil er auch so ein Exemplar in seiner Familie hat. Irgendwie ist es doch beruhigend zu wissen, man ist nicht allein.

Mancher mag nicht glauben, daß das alles Fakt und keine Fiktion ist (darum nenne ich auch keine Namen und darum ist mein Autorenname auch ein Pseudonym.).

Und wieder andere sind nach der Lektüre vielleicht froh, was sie für einen „normalen" älteren Bruder haben.

Wer Tippfehler findet, darf sie behalten. ☺

Für evtl. körperliche Beeinträchtigungen (z.B. Schleudertrauma vor lauter Kopf schütteln) übernimmt der Autor keine Verantwortung!

Und nun GUTE UNTERHALTUNG!

Geburtstage

Die Idee zu diesem Werk entstand ein paar Tage nach meinem vierzigsten Geburtstag. Mein Bruder hat mich sogar angerufen (oh Wunder, oh Wunder). Aber statt daß er gratuliert und „nur" die für einen runden Geburtstag obligatorischen Sprüche von sich zu geben, konnte er sich ein „das war weil Du dannunddann blaundblub zu mir gesagt hast" nicht verkneifen. Klar hab ich ihm zu seinen runden Geburtstagen auch die üblichen „Gemeinheiten" zukommen lassen, wie meinen Freunden übrigens halt auch. Aber nie mit „weil Du damals gesagt/getan hast" und auch nie mit diesem gehässigen Unterton („ha, jetzt hab ich es ihr aber gezeigt" – wie lange willst Du dieses Spiel eigentlich noch spielen? Soll ich Dir jetzt zu Deinem 45er eine besonders ausgewählte Gemeinheit servieren „weil Du das zu meinem 40er gesagt hast"?). Der Satz hat mich einfach nur tierisch angekotzt. Den hätte er sich besser gespart, dann wäre alles in Ordnung für mich. Aber dieses ‚Gejammer' und Aufrechnen mit dem Versuch eine Gehässigkeit zu platzieren schon wieder, das nervt einfach. Vor allem, weil wir vor ein paar Jahren ausgemacht haben „Strich drunter, was vergangen ist, ist vergangen, wir fangen neu an" damit der noch existierende Teil der Familie (er, Muttern und ich) eine Chance haben, wieder eine Familie zu werden.

Wobei er sich offensichtlich nicht daran gebunden fühlt. Was mich sehr an seiner Ernsthaftigkeit in seinen

Absichten zweifeln läßt. Und seine offensichtliche Obsession in Bezug auf meine Person – halte ich in keinster Weise für schmeichelhaft, sondern vielmehr für bedenklich (Freud hätte ich gefreut). Von daher – hol Dir professionelle Hilfe! Und wenn nicht deswegen, dann wegen der vielen anderen Punkte (und derer gibt es wirklich genug!).

Aber das ist ja nicht das Einzige, was es rund um das Thema „Geburtstag" aufzuführen gibt:

Mein letztes Geburtstagsgeschenk von ihm hab ich zu meinem 16. bekommen. Einen Lippenstift!! (Für alle, die mich nicht kennen: Ich schminke mich grundsätzlich nicht, weder damals noch heute!) Dafür hat er zwei Stunden gebraucht (der Laden war 5 Minuten Fußmarsch weg!) weil er mit der Verkäuferin flirten mußte. Zwei Wochen später bekam Muttern zu ihrem Geburtstag eine Schachtel Pralinen. Anderes herum wäre er richtig gelegen. Aber das hätte denken vorausgesetzt. Blöd wie ich bin, hat er noch jahrelang Geschenke von mir bekommen, bis ich beschlossen habe „wie man in den Wald hineinschreit...."

Das war die Kurzfassung zu mir. Jetzt ist Mutterns Part eben dran.

Jahrelang hab ich meinen Bruder an den Geburtstag von Muttern erinnert (weil ich gesehen habe, daß es ihr ja doch wehtut, wenn von ihm nichts kommt). Traurig genug, daß das überhaupt nötig war!

Jahr 1: Ich hab ihn angerufen und erinnert – Muttern später „Du rufst ihn nicht wieder an".
Jahr 2: Ich hab nicht angerufen, sondern eine SMS geschickt – Muttern „Du rufst ihn nicht an, du schickst kein SMS"
Jahr 3: Mein damaliger Freund ‚durfte' ihn erinnern – Muttern „Du rufst und schreibst ihn nicht an, und läßt es auch niemanden machen! Der soll selber dran denken!"

Das andere Mal denkt er sogar dran und ruft Mittags mal an „der wievielte Anrufer bin ich denn?" „ungefähr der 11. Aber ich hab keine Zeit zum quatschen, die Verwandtschaft ist da." „Warum sind die denn da?" „Weil sie mich zu meinem 60. überrascht haben." „Ach das ist der 60.? Ich dachte das ist der 59." – Ohne Worte....

Er hat sich übrigens nicht die Mühe gemacht zu kommen. Das war ihm offensichtlich weder Muttern noch die Verwandtschaft wert. Traurig, gell?

Nicht nur, daß Mutterns Geburtstag war, es war ein runder, er jammert ja auch sehr gerne rum, „daß er die Verwandtschaft ja schon so lange nicht mehr gesehen hat, aber er hat ja kein Geld um hinzukommen".

Da gab es auch eine andere Gelegenheit, sie wieder zu sehen, die er ausgeschlagen hat. Da war Muttern auf Kur, die Verwandtschaft und ich haben uns in der Nähe von dort verabredet um Muttern zu überraschen. Ich frag ihn noch, ob er mitmag – „Der Sprit, er hat kein Geld,...." „Was kommst Du mir mit ‚kein Geld'? Der Sprit wird verfahren ob Du mit im Auto sitzt oder nicht" „Ja hm, äääh, ich hab da schon was ausgemacht" „Etwas, das Du verschieben könntest?" „Jaaaaa,...." „Aber nicht willst, oder wie?" „So ungefähr" Ratet mal – richtig, ich bin alleine gefahren.

Warum

Mein herzallerliebster Bruder jammert generell gerne, manchmal scheint ihn dabei (scheinbar) sein Status innerhalb der Familie zu interessieren: „Ich weiß, daß ich das Arschloch der Familie bin, aber ich weiß nicht warum"

Ich: ???? „Ernsthaft? Das hast Du Dir redlich verdient, da hast Du hart für gearbeitet. Brauchst Du ein paar Beispiele?"

Er: „Ja, das wäre nicht schlecht"

Ja, auch dieser Wortwechsel ist ein Zitat!

Hier folgen nun diverse weitere Beispiele, ohne chronologische Reihenfolge oder Platzierung nach Wertigkeit, einfach so, wie sie mir in den Sinn kommen.

Kindheit

Er verschanzt sich mit seinem Kumpel hinter den von Schneeräumer zusammengeschippten Schneehaufen, ich stehe alleine auf weiter Flur. Die beiden bewerfen mich mit Schnee- und Eisbrocken und lachen sich sowohl darüber scheckig, wie auch über meine kümmerlichen Versuche zurückzuwerfen. Und schon da hatte er diesen gehässigen Unterton in seinem schadenfrohen Gelächter.

Wie alt ich war? Ich hab es mir nicht gemerkt, aber maximal Anfang Grundschule.

Er war auch immer der irrigen Annahme „ihm gehört mehr vom Kinderzimmer, weil er der Ältere ist".

Wir haben, man mag's kaum glauben, sogar manchmal zusammen gespielt. Wobei immer das gespielt wurde, was er wollte, weil „er als der Ältere anschafft". Da war doch alleine mein eigene Geschichte mit meinen (P✸✸✸mobil-) Tieren spielen interessanter. Dafür hat er mit meinen Puppen gespielt, die zwar meine waren, mich aber nicht sonderlich interessiert haben.

Ja, wir haben uns 16 Jahre lang ein Zimmer geteilt. Weswegen ich eine Aversion gegen (Heavy) Metal entwickelt habe. Ich Morgenmuffel wurde jahrelang täglich mindestens 30 Minuten zu früh geweckt wird und das mit (Heavy–, Speed–, Trash- oder Death-)Metal in voller Lautstärke. Jedenfalls bis Vatern ins Kinderzimmer gestürmt kam, daß er den Dreck gefälligst leiser machen soll. Die ‚Musik' war dann zwar leiser oder sogar aus, aber dafür mußte ich dann schauen, daß ich sein flüsternd gezischtes Gemotze ausblende.....

Er war ja immer der leise giftige und ich die laute giftige (darum hat Bruderherz mir den charmanten Spitznamen „Giftzwerg" bzw. „Gifti" verpaßt) – d.h. er konnte mich nie unbemerkt ärgern weil ich wutentbrannt (und entsprechend lautstark) Kontra gegeben hab. Was wieder zu einer Intervention von Vatern geführt hat. Ja, ich weiß, ich bin schuld, daß unsere Streitereien immer aufgeflogen sind. Dein Problem, was mußtest Du mich auch immer wieder ärgern und damals schon versuchen den Obermotz rauszukehren.

Noch vor dieser Zeit war sogar eine Phase, wo mein großer Bruder mein Vorbild war. Mittlerweile frag ich mich „wie konnte das passieren?" – Ich schieb es auf das Alter. Jung und dumm. Aber ich bin ja lernfähig....

Er hat ja auch Muttern das Geld aus dem „Sparstrumpf" geklaut. Und ich war so blöd und hab mitgemacht– Abenteuer, Risiko, und wenn der große Bruder es macht, ist man dabei. Und bekommt natürlich auch einen Anteil ab (den man dann in Gummibärchen angelegt hat – mehr Süßigkeiten, weniger Beweise).

An dieser Stelle nochmal: Entschuldige Muttern, es tut mir leid!

Jugend

Eines Abends war ich im Nachbarort auf'm Volksfest. Er hatte den Auftrag mich heimzubringen. Was macht er? Er „delegiert" das an seinen Kumpel. Der arme Kerl wußte nicht, dass ich die kleine Schwester bin. Und fängt an mich, ganz vorsichtig, vor meinem Bruder zu warnen und diverse ‚Schauergeschichten' zu erzählen. Was an sich schon traurig genug ist. Was allerdings noch viel trauriger ist, ist die Tatsache, dass ich in keinem einzigen Punkt widersprechen konnte. Der Kumpel hat mich, nachdem ich immer mit „weiß ich" geantwortet hab, gefragt, ob ich die Freundin bin – nö, die Schwester. Daraufhin hat er sich vielmals entschuldigt. „Wofür denn? Die Wahrheit darf man doch sagen!"

Wie oft hatte ich das elterliche Verbot ihm Kohle zu leihen? Und wie oft hab ich mich darüber hinweg gesetzt? Viel zu oft..... Warum? Weil ich blöd bin... (bzw. WAR, die Zeiten sind vorbei!)

Irgendwann fing er an, für alle Familienmitglieder sichtbar, am Rad zu drehen. Da begann meine Ernennung zum Diskussionsleiter der Familie. Wie alt war ich? 12?

Jedenfalls erinnere ich mich noch genau an meinen 13. Geburtstag: Freitag der 13., ich war im Skilager, letzter Tag, beim Gaudirennen hatte ‚mein' Team gewonnen. Wir kommen an der Schule an, meine Eltern holen mich ab – und alle haben dermaßen lange Gesichter. Und warum? Weil mein lieber Bruder mal wieder irgendeine Sch☠☠☠e gebaut hat.

Jetzt könnte ich mir davon meinen Geburtstag (besonders in der Erinnerung) versauen lassen – aber da weigere ich mich schlicht und ergreifend. Mein dreizehnter war ein grandioser Tag! Punkt.

(Ganz) Späte Jugend

Ich hab mich mit Liebeskummer und entsprechend mit 'ner Flasche Whiskey bei meinen Eltern eingeigelt (an den Whiskey hab ich allerdings nicht lange hingenuckelt, bis ich der Meinung war daß es mit wegen dem Kerl schon dreckig genug geht, das muss ich nicht noch verschlimmern). Kommt Bruderherz vorbei, sieht mich heulen „Was los?" „Dies und das und so und so" kommt von ihm nicht mal ein Hauch von Mitgefühl sondern nur ein lapidares „Sela-rie, so ist das Leben" (ja, die Schreibweise ist Absicht!). „Den Scheißspruch kannst Du Dir sparen, das weiß ich auch so, ganz ohne Dich!" „Jaaa, das war, weil (irgendwann) in unserer Kindheit, da hatte er was für mich getan und wollte später mal, daß ich jetzt was für ihn tue, was ich mit den Worten ‚hättest ja nicht machen brauchen' abgelehnt hab." Aha – „der Meinung bin ich aber immer noch. Entweder ich mache etwas gern oder gar nicht. Aber dieses Aufrechnen kann er sich sparen! Vor allem, wenn er schon rechnen will, dann hab ich noch viel gut!" Daraufhin ist ihm dann erstmal nichts mehr eingefallen.

Entweder ich mache etwas gern oder gar nicht. Wobei da weder die gegenseitige Wertschätzung nicht außer Acht gelassen werden darf, noch, daß es schon auf Gegenseitigkeit beruht! Ich lasse mich auch nicht ausnutzen, aber ich mache nicht etwas mit dem Hintergedanken ‚jetzt mußt Du was für mich machen!!!

Herr wirf Hirn vom Himmel

Eines Tages kam Bruderherz mal wieder im Elternhaus vorbei. Wie es schien zum blöd daherreden. Sein Hirn hatte er wohl vor der Türe abgegeben.

Stürmt er in der Küche zum Kühlschrank, reißt ihn auf, sieht nicht das, was er gerne hätte und mault lautstark drauflos „Nix zum Trinken da, was'n das für ein Saftladen" und haut wieder ab.

Ähh hallo? Du weißt genau, wenn im Kühlschrank nichts ist, dann schau ins Kammerl. Da war der Vorrat schon immer, da war er auch zu der Zeit.

Starker Mann

Und ein andermal, da meinte er, er müßte auf „starken Mann" machen. Da meinte er doch tatsächlich, die Hand gegen Vatern erheben zu müssen. Er hat sich wohl in Sicherheit gewähnt, da auch auch ein Spezl vom ihm da war.

Nein, Vatern hat ihm nicht die verdiente Watsch'n gegeben. Viel besser! Vatern war nicht dick, aber auch kein Strich in der Landschaft und auch nicht der Jüngste.

Aber er ist, in seinen Schlappschuhen(!), von der Küchentüre aus losgestartet, ist quer durch die ganze Diele geschossen und hat Bruderherz in die Ecke bei der Eingangstüre gedrückt. Und ihn da ein wenig zappeln lassen.

Und schupps, war der wieder zurechtgestutzt. Der konnte erstmal wieder eine Zeit mit Hut und Stelzen unterm Teppich Fallschirm springen.

Selbstüberschätzung

Ja, ich verüble ihm auch so manchen Mist, den er mit Muttern abgezogen hat:

Kurz nach dem Tod von Vatern, also noch in der akuten Trauerphase(!), meint er doch tatsächlich, daß er einen auf dicken Max machen muss. „Jetzt ist er der Mann im Haus, jetzt schafft er an!" Zum Glück hat Muttern ihn da gleich mal zurecht gestutzt. „Dann schaff erstmal das Geld für Miete und Unterhalt ran, dann reden wir weiter!" Womit sie ihm sehr effizient den Wind aus den Segeln genommen hat.

Geht's noch!??!?! Was glaubt er eigentlich wer er ist?!

Daß er sich nicht nur für die Krone der Schöpfung, sondern für die Perle in der Krone der Schöpfung (und zwar ganz oben in der höchsten Zacke!) hält, ist längst bekannt. Er meint auch er wäre der Beste, Schönste, Klügste der alles kann und alles (besser) weiß. Da ist er allerdings der Einzige! Um ein Niveau zu erreichen, wo er mich versteht und auch nur ansatzweise VIELLEICHT was aufnimmt von dem was ich ihm sag, muss ich mich echt in der Gosse wälzen.

Der kleine Möchtegern-Macho hat das Pech mich zur Schwester bekommen zu haben. Ich bin ja ein echtes Wunschkind. Er wollte allerdings sowas liebes, nettes Kleines, das man ärgern kann – und mich hat er bekommen. Tja, Karma is echt a Bitch ;-)

Ausdrucksweise

Wieso ich die Gosse und meinen Bruder in einem Atemzug nenne? Beispiele gefällig? Will er mir nicht erzählen, was meine ersten beiden Freunde für Autos gefahren haben (er hat sie ja soooo oft getroffen und sooo gut gekannt.....) und mir partout nicht glauben, was ich sage. Erst als ich ganz undamenhaft und unmißverständlich aus dem Nähkästchen geplaudert habe („ich hab meinem ersten Freund in seinem Auto unter der Laterne vor dem elterlichen Fenster einen gebl❦❦❦n, ich werd ja wohl wissen in was für einem Auto das war"), hat er eingelenkt.

Und seine möchtegern-Macho-Allüren mir gegenüber hab ich ihm mit einem ähnlich undamenhaften Kommentar zumindest vorübergehend ausgetrieben (weder er noch sonst einer braucht mir mit der Tour kommen; ich verdiene mein eigenes Geld, ich halte meine Wohnung, mein Auto, mein Motorrad (das ich leider aus gesundheitlichen Gründen aufgegeben habe), meinen Lebensunterhalt und das ganz alleine): „Das Einzige, was er sich raushängen lassen kann, ist das Bisserl in seiner Hose – und das schlage ich mit dem, was ich mir aus der Bluse hängen lassen kann; da reicht sogar eine Seite, sogar die linke, die ist kleiner." Schwups, war er wieder sprachlos.

Seine Ausdrucksweise ist sehr sehr oft einfach unterirdisch und ordinär. Ja, ein guter Kumpel von ihm (der einzige Freund übrigens von dem ich weiß; besonders der einzige, der noch aus Schulzeiten geblieben ist) läßt auch teilweise auch solch harsche Begriffe in manche seiner Erzählungen einfließen – aber es kommt 1. auf die Geschichte an und 2. der beherrscht es, daß das Ganze trotzdem noch einen gewissen Charme enthält.

Bei meinem Bruder ist es schlicht ordinär. Liegt vielleicht am Tonfall, ich weiß es nicht. Da wird nicht nur von „Schlampen" und „☠icken" geredet sondern (jetzt folgt ein Lieblingswort meines Bruders) auch von „☠otzen" (und nein, es beginnt NICHT mit „k"!). Meinen Hinweis, daß das allerunterste Schublade ist hat er versucht beiseite zu wischen „er meint das völlig wertfrei" – „Alle anderen aber nicht! Einfach weil dieses Wort an sich so negativ behaftet und damit nicht wertfrei sondern abwertend ist, sehr abwertend. Entsprechend solltest Du vielleicht nicht nur dran denken wie Du es meinst, sondern auch berücksichtigen, wie es bei anderen ankommt."

Aber das ist ihm nicht nur völlig Wurst, er ist ja auch so schlau, daß er diese Sprache vor der aktuellen Freundin über seine Verflossenen verwendet. Wenn er nicht grad ständig mit der Ex telefoniert. Da hat jede irgendwann genug bzw. fragt sich ob/wann er über sie so spricht. Und er wundert sich, warum ihm die Mädels immer davonlaufen.... Muss ich da wirklich noch was zu sagen? Nein, er kapiert es eh nicht bzw. will es einfach nicht einsehen, und ich will mir den Mund nicht mehr fusselig reden.

In seinem üblichen, überheblichen Tonfall meint er auch „man muss ihn nehmen wie er ist" - Grundsätzlich schon richtig so, das Mantra ist auch meines (ui, eine Gemeinsamkeit) – aber mit Flexibilität. „Kompromisse muss man eingehen. Weil wenn sich jeder nur hinstellt und sagt ‚man muss mich nehmen wie ich bin' dann kommt man nie zusammen bzw. auf einen grünen Zweig". Ich bin mir nicht sicher, ob es bei ihm ankam, ge'schmeckt' hat es ihm jedenfalls sichtlich nicht.

Sein Tonfall ist eh so eine Sache. Es ist allgemein bekannt, daß der Ton die Musik macht. Bei ihm gibt es mehrere Varianten:

- Überheblich
- Herablassend
- Gekünstelt
- Respektlos
- Geringschätzig
- Abfällig
- Gleichgültig
- Vulgär / Ordinär

Ob es ihm ‚nur' nicht bewußt ist oder ob es mit voller Absicht ist (vielleicht damit es anderen momentan schlecht geht damit es ihm wiederum gut geht?) kann und will ich nicht beurteilen.

Seiner Ex-Frau muss man zugutehalten, daß sich in ihrer Ära zumindest seine Ausdrucksweise (etwas) verbessert hat. Aber das führt gleich zum nächsten Thema, seine Hochzeit.

Hochzeit

Daß er geheiratet hat (ausgerechnet er, der nie heiraten wollte; ich wo früher schon wollte, war zweimal verlobt und bisher kein einziges Mal verheiratet) haben wir (also Muttern und ich) nur zufällig erfahren. Weil er mich in der Arbeit angerufen hatte und ich halt die obligatorischen Fragen gestellt hab „Und wie geht's, was gibt's Neues, bist mittlerweile verheiratet, hast Kinder?" – „Kinder nicht; verheiratet, willst Du das wirklich wissen?" – „Sonst würd ich nicht fragen." – „Ja" – „Aha, interessant. Seit wann?" – „Seit ‚Monat/Jahr'" – „Weiß es Muttern schon?" – „Nein, und das soll auch noch so bleiben" – „Wie lange denn noch?" – „blabla" – „Ist in Ordnung, wenn Du es ihr bis dahin nicht gesagt hast, erfährt sie's von mir. Wobei es vielleicht noch einen Ticken besser ankommt, wenn Du es ihr selber sagst." – „Ich kann's ihr auch gleich sagen, wennst meinst" – „Wär net schlecht, dann mach." Was soll ich sagen, er hat es getan. Aber wie es Muttern ging, kann sich jeder wieder selber ausmalen.

Warum wir erst über ein Jahr später was davon erfahren haben? „Weil Muttern in grauer Vorzeit mal meinte ‚es hält eh keine länger als ein Jahr bei Dir aus' (Sie waren aber vor der Heirat schon über ein Jahr zusammen!) und außerdem haben wir nicht gefeiert" – „Das hat mit feiern nichts zu tun, sowas nennt man Familienzuwachs!"

Was das mit einer Mutter macht, kann sich jeder „normale" Mensch denken.

Eltern

An dieser Stelle muss ich jetzt mal ausdrücklich eine Lanze für unsere Eltern brechen – sie waren wirklich gute Eltern! Muttern ist es immer noch, Vatern guckt sich leider bereits die Radieschen von unten an. Sie haben sich immer für uns Zeit genommen und sie haben uns auch gut erzogen! Sie waren liebevoll, streng nur wo es nötig war und (viel wichtiger) konsequent. Und die Spielregeln waren bekannt und fair.

Für alles, was an meinen Manieren auszusetzen ist, übernehme ich die Verantwortung: Ich weiß, daß man in der Öffentlichkeit z.B. nicht rülpst – aber es ist MEINE Entscheidung ob ich mich dran halte.

Von daher kann ich es wirklich, auch mit viel überlegen und grübeln, nicht verstehen / nachvollziehen, woher seine Abneigung gegen uns als Familie kommt. Wir sind nur gut, wenn er was braucht. Und das Einzige, was er ständig braucht, ist Kohle.

Typisch Bruderherz

Mein Bruder sieht das, für mich unverständlicherweise aber offensichtlich, ganz anders.

Vielleicht hatte er andere Eltern? Oder wurde nach der Geburt im Krankenhaus vertauscht? Oder es wurde versehentlich das Baby weggeschmissen und die Nachgeburt aufgezogen ['tschuldigung] oder er leidet an Realitätsverlust?

Weil an allem was ihm am ihm nicht paßt, ist Vatern schuld. Diese Aussage von ihm hat ihm natürlich wieder Gegenwind beschert:

1. So eine Aussage vor Muttern ist eine Frechheit.
2. So etwas über einen Verstorbenen zu sagen ist (wie vieles andere von ihm) unterste Schublade und eine Frechheit und Unverschämtheit! Sehr mutig, jetzt wo Vatern sich nicht mehr wehren kann. Billig, traurig und geht gar nicht!
3. „Bruderherzchen, für Dein Leben ist nur einer verantwortlich – Du selber! Spätestens ab dem Zeitpunkt wo Du ausgezogen bist! Wenn Dir etwas daran nicht paßt – ändere es! Bist Du alleine dazu nicht in der Lage – hol Dir professionelle Hilfe!

Wobei diesmal hat er nicht nur von mir Zunder bekommen, sondern auch von der Freundin, bei der wir alle drei zu dem Zeitpunkt zu Besuch waren. Tja, seine „coolen Sprüche" findet nur er „cool". Aber das muss er immer noch lernen. Etwas später an dem gleichen Abend hat er ja sogar noch seinen Selbstmord angekündigt „Wenn ich das Geld für die

Beerdigung beisammen habe, bring ich mich um". „Was fällt Dir eigentlich ein, Deiner Mutter so einen Dreck zu erzählen? Auch wenn da keine Gefahr besteht, weil Du die Kohle eh nicht zusammenbringst. Wenn Du Dich umbringen willst, dann mach's einfach und red' nicht lang. Schon gar nicht gegenüber von Muttern! Das geht ja mal überhaupt nicht!"

Eine andere Freundin, der ich das erzählt hab, meine, daß das vielleicht ein Hilfeschrei gewesen sein könnte. Möglich, ist mir, ganz ehrlich gesagt, Wurst. Warum ich so hart und herzlos gegenüber meinem Bruder bin? Weil ich die Schnauze voll hab. Soll er die Klappe aufmachen und sagen „ich hab da ein Problem / kannst Du mir mit... helfen?" oder soll er zum Psych gehen. Aber daß ich ihn noch hätscheln und tätscheln soll? Der Zug ist abgefahren, ganz einfach! Bei mir steht doch nicht „Depp" am Hut!

Mich langweilt einfach die Tatsache daß er für nichts Verantwortung übernimmt, es sind immer andere schuld, niemals er (was soll ich sagen, wenn er mit dem Finger auf andere zeigt, zeigen immer drei Finger auf ihn selber – aber er ist sich dessen nicht bewußt...). Und dieses ewige Blabla und nichts dahinter. Da krieg ich echt das kalte Kotzen.

Zahlungsmoral

Wenn er sich bei Muttern Kohle leiht – zahlt er ewig nicht zurück. Auch wenn er es Muttern verspricht „ab nächsten Monat innerhalb von drei Monaten bekommst Du es zurück" – BlaBla und nichts dahinter!

Erst auf Druck kommt mal was, gut zureden hilft nicht, das hab ich oft genug probiert, Muttern auch. Daß er von alleine auf die Idee kommt – no way! Ja, ich hab mir auch schon bei Muttern was geliehen. Aber ich zahl eigenständig 100€ im Monat ab. Er, obwohl er mehr verdient, zahlt zwar endlich, aber grad mal 25€/Monat. Und auch das erst nach langen Gesprächen und Druck von Muttern „jetzt wird's mal Zeit daß was kommt". Der Dauerauftrag kam auch erst auf wiederholtes Nachhaken – da war ein Zahlendreher, da hat die Bank gepfuscht (ihm ist wohl nicht klar, daß man auf dem Bankauszug erkennt, ob es eine Überweisung oder ein Dauerauftrag ist) – lauter doofe Ausreden und er hält uns offensichtlich für so bescheuert, daß wir den Mist glauben.

Kleiner Tip am Rande: Etwas nicht (gleich) zu kommentieren, heißt nicht, es nicht zu registrieren!

Bei mir kam er übrigens nicht so leicht davon. Weil ich hab ihm auch schon eine gute Summe geliehen. Weil ich es eher wieder krieg wie Muttern. „Ab nächsten Monat hast Du es innerhalb von drei Monaten zurück; spätestens innerhalb diesen Jahres" (irgendwie wiederholt er sich) – Und das hatte ich schriftlich. Jetzt hatte er das Geld immer bei Muttern vorbeigebracht, weil er im Nachbarort gearbeitet hat, und das war näher wie zu mir, was ja OK war. Nur -

Muttern mitzuteilen „Ich zahl nächsten Monat" geht so ja mal gar nicht, was denkt er sich eigentlich (bin ich nicht nett? Ich gestehe ihm die grundsätzliche Fähigkeit zu denken zu). Dieses Verhalten hat ihm natürlich einen geharnischten Anruf von mir eingebracht „Was ihm nicht einfällt, Muttern vor vollendete Tatsachen zu stellen? Die Schulden hat er bei mir, dann hat er das mit mir zu klären!" – „Ja den Monat geht's ihm nicht aus, ob er aussetzen kann?" „Kann er schon. Aber erstens hat er das mit mir zu klären und zweitens wie will er bis Ende des Jahres wie versprochen vollständig bezahlt haben, wenn er so weiter macht?" Das Ende vom Lied war, er hat das Geld zu Muttern gebracht und von da an hat er brav mich angerufen, wenn er wieder den vereinbarten Zahlungsmodus ändern wollte.

Schön und gut, daß es mit Gegenwind funktioniert. Aber warum muss es immer so weit kommen? Warum mußt Du immer alles bis auf Anschlag ausreizen, statt daß Du mal von alleine auf die Idee kommst, Dich am Riemen zu reißen und Versprechen einzuhalten?

Gerechtigkeit

Er ist tatsächlich der Meinung, ich hätte es leichter gehabt, er hätte mir den Weg geebnet. Blödsinn, ich welcher Welt lebst Du denn bitte!?!

1. Haben die Eltern beim ersten Kind noch, mangels Erfahrung, mehr durchgehen lassen. Einfach weil sie noch nicht wußten was (raus)kommt. Bei mir hatten sie dann schon Erfahrung/Routine.
2. Gehörst Du als Mädchen eher zu einem gefährdeteren Personenkreis und darfst damit grundsätzlich schon weniger.
3. Ich hab schon in der Ausbildung im ersten Lehrjahr mehr daheim bezahlt wie er im dritten.
4. Er hat seinen Führerschein gezahlt bekommen, ich hab meinen selber gezahlt. Daß ‚ich meinen Motorradführerschein selber zahle, war klar, aber den für's Auto....

Du willst Gerechtigkeit? Wo ist sie denn da bitteschön? Erklär mir das doch.

Und die Hinterfotzigkeit von Dir, lieber Bruder, schon in unserer Kindheit „Sie hat schon lange kein Kleid mehr angehabt" – schwups schon mußte ich gehen und mich umziehen. Muttern sich über den Fürsprecher gefreut und hat diese Gelegenheit genutzt (was ich heute schon verstehen kann, daß sie die Chance/Unterstützung genutzt hat; aber bei ihm war es reine pure Gehässigkeit – also ist klar, wem ich hier was vorwerfe, oder?), obwohl ich Kleider bzw. Röcke generell gehaßt habe (ich mag das Zeug übrigens immer noch nicht!). Hab ich jemals „weil Du damals gesagt hast" die Eltern aufgehetzt, daß Du z.B. schon lange keine Bundhose mehr anhattest? Nein! Heul ich Dir deswegen bei jeder Gelegenheit was vor? Nein!

Seit 20 Jahren bin ich für Muttern da. Er kam lange Jahre nur zum Hand aufhalten oder/und blöd daherreden. Das hat sich zwar zu Beginn dieses letzten Versuches etwas gebessert, aber nicht dauerhaft und entsprechend unglaubwürdig. Er liebt es ja, auf „Geheimagent" zu machen „Es gibt viel, was ihr nicht über mich wisst, und das ist auch besser so". ... Wennst meinst. Aber in meinen Augen macht Dich das nicht interessant oder ‚gefährlich', sondern einfach nur lächerlich.

Es geht uns auch nichts an, wo er überall Schulden hat(te?) oder in welcher Höhe. Er erwartet aber von Muttern, daß sie auf ihr Geld wartet.

Er macht also permanent sein(e) Problem(e) zu unseren.

Komplexe

Du hättest auch nie die Ausbildung in der selben Firma, in der Vatern gearbeitet hat, überstanden. Du könntest auch jetzt nicht in einer Firma arbeiten, wo sehr viele Vatern kannten und schätzten.

Und warum? Weil Du ein Komplexbolzen bist! Und zwar einer von der Sorte, der sich diese Tatsache nicht mal selber gegenüber eingesteht. Geschweige dann anderen gegenüber. Oh ja, ich bin auch ein Komplexbolzen, aber ich bin mir dessen bewußt und steh dazu!

Du versucht es zu kompensieren bzw. zu überdecken, Brüderchen:

- Mit Autos (ich denk da nur an den schwarzen ‚Schlampenschleifer')
- Oder damit daß Du immer andere verantwortlich machst statt selber mal die Verantwortung (oder gar die Schuld) für irgendetwas zu übernehmen
- Oder auch mit saufen. Du erzählst mir „daß Du fast schon Alkoholiker bist" und mit einer Attitüde, als wärst Du stolz drauf. Als wäre das etwas, wo man drauf stolz sein kann/muss?!
- Oder mir Deiner Markenversessenheit
- Oder auch Deinem (früheren) Frauenverschleiß
- Oder Deinem extremen Glauben an Verschwörungstheorien

Na, klingelt's langsam?

Schlußwort

Blut dicker als Wasser – so ein Blödsinn!! Verwandtschaft kann ich mir nicht raussuchen, meine Freunde schon. Und warum sollte ich den Fehler vom Storch mein Leben lang ausbaden?! Klar, das kann Brüderlein für sich auch in Anspruch nehmen – nur dann soll er es klar aussprechen (das würde allerdings Rückgrat voraussetzen!). Und nicht so tun, als wollte der bei diesem allerletzten Versuch, das wieder zu einer Familie zu machen, mitwirken. Denn genau das ist es – mein allerletzter Versuch. Ich hab es oft genug probiert. Mit ihm geredet (Monolog, weil von ihm kommt in der Richtung nur was, wenn er angesoffen ist), ihm Tips gegeben, was er machen könnte, daß Muttern nicht mehr so ‚allergisch' auf ihn reagiert (ist ja wohl verständlich, wenn der Sohn nur immer kommt, wenn er was braucht. Und das Einzige was er braucht ist Kohle. Die er aber extremst zögerlich zurückzahlt. Meist nur auf Druck. Aber das ist ein eigenes Thema, das wir vorher schon hatten). Wie oft hab ich gemeint, das Zehnerl ist gefallen – und es maximal nur gewackelt. Immer schön „jaja, aha und m-hm, hast Recht, so hab ich das noch gar nicht gesehen" sagen – und nichts machen/umsetzen. Blabla und nichts dahinter! Mal wieder ☹

Und daß es mein letzter Versuch ist hab ich Bruderherz UND Muttern ganz klar so ins Gesicht gesagt. Ich hab keine Lust mehr auf diese Sch☠☠☠e!

Dieses Werk erhebt keinen Anspruch auf Vollständigkeit. Garantiert fallen mir noch genug Sachen ein, wenn Bruderherz mir das passende Stichwort liefert.

Aber ich mülle mein Gedächtnis nicht damit zu, daß ich die Sch☠☠☠e permanent ‚an der Oberfläche halte'. Das ist es mir einfach nicht wert.

Es ist auch in keinster Weise objektiv – wozu auch? Das ist MEIN Werk! Außerdem hatte ich da keine Lust zu (um meiner besten Freundin in ihrem Gerechtigkeitswahn gerecht zu werden – das Leben ist nicht fair, mein lieber Bruder noch viel weniger – also warum sollte ich es immer sein?!). Meine Motivation war einfach, daß ich MEINE Sicht der Dinge, wie ICH sie erlebt und gespeichert habe, ohne Unterbrechung und Gegenrede loswerde. Damit es MIR besser geht!

Ja, und das „nur" weil lieb Bruderherz sich den saudummen Nachsatz nicht sparen konnte.

„Selber schuld!" sag ich da nur. Oder..... siehe Buchtitel .... oder „Hol Dir professionelle Hilfe!"
.

Nachwort

Ich hab es getan: Ende Januar 2016 hab ich mit meinem Bruder Schluß gemacht. Per SMS (keinen Bock auf Diskussion).

Hier sind die genauen Worte:

1. SMS
   Hallo „Bruderherz", Dein Anruf zu meinem Geburtstag („... das ist, weil Du damals gesagt hast") hat mir eins ganz klar gezeigt: Du hast weder einen Strich gezogen, noch neu angefangen. Damit ist das Thema für mich durch & der letzte Versuch wieder zusammenzuwachsen, hinfällig. Wie Muttern & Du das handelt ist eure Sache. Aber von mir gibt es keine Unterstützung mehr!! Das Thema ist durch, ich habe keinen Bruder mehr. Mir reicht's! Gruß ich
2. SMS
   Damit Du gar nicht erst auf doofe Ideen kommst: Dieses SMS von mir entbindet Dich unter gar keinen Umständen davon, Deine Schulden bei Muttern zurückzuzahlen!

Ihr glaubt nicht wie gut es mir seit diesem Befreiungsschlag geht und wie entspannt ich bin. Reaktion kam übrigens keine. Also genau das, was ich erwartet hab.

Wozu hätte er auch reagieren sollen, wo ich doch so böse zu ihm war. Außerdem hat er jetzt, was er immer wollte: Er ist mich los.

Wobei ich mich nicht als böse empfinde, ich hab nur sein Verhalten in Worte gepackt und Konsequenzen gezogen.

Er kann mich mittlerweile nicht mal mehr so einfach kontaktieren, ich hab ihn in meinem Handy nämlich gesperrt. Wenn, dann mach ich Nägel mit Köpfen!

Allerletzter Auslöser war letzen Endes war nicht (nur) der Sch☙☙☙spruch (de war die Ursache), sondern eine ganz andere Begebenheit. Ich bin mit einer Unbekannten ins Gespräch gekommen & sie wurde sein Fürsprecher. Sie hat mir eine Familienaufstellung empfohlen, das machen Astrologen und Psychologen, und da hat sie mir einen guten empfohlen, der beides ist. Und ich hab mich dabei ertappt, es tatsächlich in Erwägung zu ziehen! Und da war das Maß endgültig voll. Warum sollte ich noch Zeit, Energie und Geld in diese Sache investieren? Noch dazu, wo ich nicht dran glaube, daß es was bringt. Wo mir oft genug gezeigt wurde, das kein Interesse von „der anderen Seite" da ist.

Also gab es nur eine andere Option. Irgendwann ist's gut. Man muss einfach irgendwann erkennen und einsehen, dass es alles nichts bringt. Aber dann ist es an einem selber, daß man dem anderen zeigt, daß sein Verhalten Konsequenzen hat, und man muss selbige auch ziehen. Auch wenn es noch so traurig ist.

Und nein, es war keine Kurzschlusshandlung meinerseits. Ich habe es mir reiflich überlegt. Und nochmal drüber geschlafen. Und nochmal mit Muttern gesprochen. Sie sollte zum einen die Gelegenheit bekommen, es mir (vielleicht) nochmal ausreden zu können und zum anderen sollte sie einfach Bescheid wissen, man weiß ja nie, wie er reagiert. Dann erst habe ich auf ‚senden' gedrückt.

Für Muttern tut's mir halt leid. ☹ Auch wenn ich ihre Unterstützung habe. Sie will / kann zwar (noch?) keinen endgültigen Schlußstrich ziehen, verübelt mir meinen aber nicht. „Wenn Du Dir sicher bist, daß es für Dich das Richtige ist – mach. Du mußt auch an Dich und Deine Gesundheit denken! Er schafft es, Dich (mal wieder) zu ärgern und zu stressen. Und zwar so, daß Du es seit Wochen nicht loswirst, daß Du zum Teil schlaflose Nächte deswegen hast. Nicht, daß Du Dir noch ein Magengeschwür oder einen Schub anärgerst. Streß ist für Dich ein höherer Risikofaktor wie für andere. Also, wenn Du Dir sicher bist, dann mach!" Und das hab ich. Das war so befreiend und entspannend. Ich muss mir um ihn keine Gedanken mehr machen, auf ihn keine Rücksicht mehr nehmen (wie formuliere ich das was ich sag, wie formuliere ich Tipps, wie integriere ich ihn, ...). Kein Hoffen mehr, daß das wieder was wird und immer 'nen Tiefschlag einstecken.

Auf jeden Fall geht's mir seitdem dermaßen gut, das glaubt ihr nicht! ☺ Ich trau's mich fast nicht aussprechen, weil ich befürchte, daß sich das Schicksal sonst bemüßigt fühlt sich umzudrehen und mich in den A☠sch zu beißen. Egal, für mich war & ist es jedenfalls genau das Richtige!

Und dank der Aufmunterung einzelner Freunde (damit ihr wißt, daß IHR gemeint seit - Mit diesen Stichworten erkennt ihr euch bestimmt: „Klofführer" und „Bitte ein signiertes Exemplar"), die von meinen Überlegungen dieses Buch zu schreiben, wissen, hab ich mich nun an die Veröffentlichung gewagt. Danke euch, für eure moralische und für eure praktische Unterstützung!!!

Schlußwort (Des Rätsels Lösung?)

Im Moment muss ich, situationsbedingt, glatt noch (fast) in seine Verteidigung gehen.

Langsam hab ich nämlich den Verdacht zu wissen, woher er seine Unfähigkeit hat, Verantwortung für seine Taten zu übernehmen; eine klare Stellung zu beziehen und dazu zu stehen; und überhaupt auch nur damit zu rechnen, daß das eigene Tun und Lassen Konsequenzen hat und diese dann auch zu trgen.

So wie ich ein Papakindi war, war er ein Mamabuaberl (nicht zu verwechseln mit den pollundertragenden Muttersöhnchen!!, das heißt nur, das er mehr auf Muttern fixiert war, so wie ich mehr auf Vatern fixiert war). Und wir entsprechend auch die jeweiligen Charakterzüge (etwas) angenommen haben.

Verallgemeinert formuliert (na, erkennt ihr zwei euch?):

Für manche ist es leichter, Dinge zu verdrängen als sich damit auseinanderzusetzen. Dann muss man nicht einmal sich selber gegenüber zugeben, daß man Sch☠☠☠e gebaut hat.

Oder man redet es sich schön, auch eine beliebte Variante.

Oder man schiebt es gleich auf andere, das ist ebenfalls gängige Praxis.

Und bevor mir jemand kommt von wegen „hach was bist Du gemein" (egal ob von außen oder von meinem internen Märtyrer) – Nein, bin ich nicht! Denn wenn ich es wäre, würde ich ins Detail gehen.

Das würde mir zwar noch die eine oder andere Seite bringen, wäre aber eine Themaverfehlung.

Außerdem geht es mit eben nicht darum, gemein zu sein, sondern einfach nur darum, meine Sicht der Dinge zu schildern.

Und zwar auf den Sohn meiner Eltern bezogen.

Nicht auf die ganze Familie.

Vielleicht erhoffe ich mir unbewusst auch davon, in all dem einen Sinn zu erkennen. Allerdings ist mir das auch beim x-ten mal durchlesen bisher nicht gelungen. Naja, egal, ich muss (zum Glück) nicht alles verstehen; auch nicht meine eigene Familie.

Bibliografische Information der Deutschen Nationalbibliothek:

Die Deutsche Nationalbibliothek verzeichnet diese Publikation in der Deutschen Nationalbibliografie; detaillierte bibliografische Daten sind im Internet über dnb.dnb.de abrufbar.

© 2016 (Buch & Bild): Felisitas Mau

Herstellung und Verlag:

BoD – Books on Demand, Norderstedt

ISBN: 9783741241505